毎日
Continue Studying English Every Day!
続ける！
英語リーディング1

・構造分析編・

木村達哉 著

三省堂

はじめに

　皆さん、こんにちは。木村達哉です。まずは本書を手に取ってくださってありがとうございます。この本はリーディングの点数が伸びなくて悩んでいる人のために書きました。

　文章を読む際に、文構造を意識することはありません。皆さんが日本語の文章を読む際に、主語はこれ、動詞はこれといった分析を行いながら読むことはないはずです。英語を読む際も同じです。構造を意識していると、「筆者の言いたいこと」を理解することが難しくなります。

　しかし、英語学習の初期段階では構造を意識せざるを得ません。なぜならば日本語と英語では文構造が異なるからです。練習を重ねているうちに、英文の構造パターンがわかってくるはずです。そうなれば構造を意識せずに、速く読めるようになってきます。本書は、まだひとつひとつの文構造を意識しながらゆっくりでないと読めない人たちのために、正しく構造をつかむ練習をしてほしくて作りました。

　また、皆さんには挫折してもらいたくありません。各 DAY の最後に QR コードを貼り付けてあります。ここから僕のメッセージ動画を見ることができます。皆さんが「明日もやろう！」と思えるよう、英語学習のアドバイスを話しています。

　文構造を意識せずに読めるようになるために、本書ではあえて構造を意識しながら読んでもらいたいと思います。本書が終われば、今度は構造を意識せずに長い文章を速く読む練習をしてください。そうすればリーディング力全体が伸びていきます。　　　　　　　　　　　　　　　　　　　木村達哉

目次

専用アプリで音声無料ダウンロード

書名を選んでクラウドマークをタップ!

Webでも音声を無料で提供しています。
https://tb.sanseido-publ.co.jp/gakusan/mainichi-r/ ▶

本書の構成

本書は、DAY1〜14までの全14レッスンから成り、2週間であなたのリーディング力を飛躍的にアップさせる教材です。まずは、各レッスンの学習予定日を書き入れ、その計画通りに学習を進めましょう。また、各レッスンの終わりには著者のワンポイントアドバイス動画もついていますので、毎日の学習の締めくくりに見てみよう。

Question

各英文の構造をつかみながら、日本語に訳そう。

学習予定日　/　　学習日　/

まずは全レッスンの学習予定日を書き入れ、その通りに学習を進めよう。

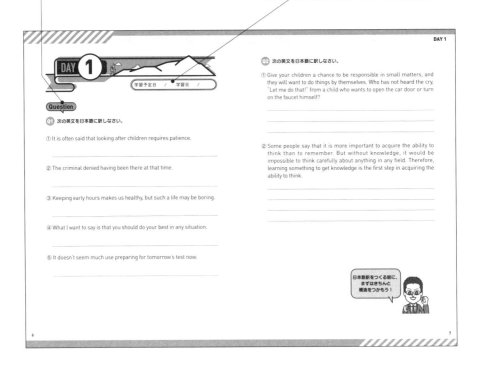

DAY **1**

学習予定日　/　学習日　/

Question

Q1 次の英文を日本語に訳しなさい。

① It is often said that looking after children requires patience.

② The criminal denied having been there at that time.

③ Keeping early hours makes us healthy, but such a life may be boring.

④ What I want to say is that you should do your best in any situation.

⑤ It doesn't seem much use preparing for tomorrow's test now.

DAY 1

Q2 次の英文を日本語に訳しなさい。

① Give your children a chance to be responsible in small matters, and they will want to do things by themselves. Who has not heard the cry, "Let me do that!" from a child who wants to open the car door or turn on the faucet himself?

② Some people say that it is more important to acquire the ability to think than to remember. But without knowledge, it would be impossible to think carefully about anything in any field. Therefore, learning something to get knowledge is the first step in acquiring the ability to think.

日本語訳をつくる前に、まずはきちんと構造をつかもう！

6

7

前ページの Question の答え合わせをしよう。また、解説を読んで、それぞれの英文の構造をしっかり理解しよう。

Mission 1

英文内に知らない単語や表現があれば、ここでしっかり確認しよう。

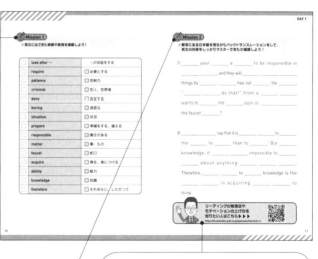

Mission 2

前のページにある日本語を見ながら英語にできるか確認しよう。また、その学習を行う前に、音声を聞いてみよう。

ワンポイントアドバイス

著者からのワンポイントアドバイス動画が見られるよ。毎日の学習の締めくくりに見てみよう。

学習予定日　　／　　学習日　　／

Question

Q1 次の英文を日本語に訳しなさい。

① It is often said that looking after children requires patience.

② The criminal denied having been there at that time.

③ Keeping early hours makes us healthy, but such a life may be boring.

④ What I want to say is that you should do your best in any situation.

⑤ It doesn't seem much use preparing for tomorrow's test now.

Q2 次の英文を日本語に訳しなさい。

① Give your children a chance to be responsible in small matters, and they will want to do things by themselves. Who has not heard the cry, "Let me do that!" from a child who wants to open the car door or turn on the faucet himself?

_____

_____

_____

② Some people say that it is more important to acquire the ability to think than to remember. But without knowledge, it would be impossible to think carefully about anything in any field. Therefore, learning something to get knowledge is the first step in acquiring the ability to think.

_____

_____

_____

_____

日本語訳をつくる前に、
まずはきちんと
構造をつかもう！

Q1 解答

① 子どもを世話することには忍耐が必要だとよく言われる。

② その犯人はその時そこにいたことを否定した。

③ 早寝早起きをすることは私たちを健康にしてくれるが、そのような生活は退屈かもしれない。

④ 私が言いたいことは、あなたがどんな状況でも最善を尽くすべきだということだ。

⑤ 今、明日のテストの準備をすることはほとんど無駄のようだ。

Q2 解答

① 小さなことに責任をもつ機会を与えると、子どもは自分でやりたがるようになる。自分で車のドアを開けたり、蛇口をひねったりしたい子どもの「やらせて！」という叫び声を聞いたことがない人はいないだろう。

② 覚えることより考える力を身につけることのほうが大切だと言う人がいる。しかし、知識がなければ、どんな分野でも何かについてじっくり考えることはできないだろう。したがって、知識を得るために何かを学ぶことが、考える力を身につけるための第一歩なのである。

....

Q1 解説

① 〈It is said that ～〉の形で「～だと言われている」という意味。It は形式主語、that 節が真の主語。動名詞句 looking after children「子どもの世話をすること」が that 節内の主語となっている。

② 完了動名詞〈having ＋過去分詞〉の形で、述語動詞の過去形 denied よりも前の時を表し、having been there は、過去の「否定した」時点よりもさらに前に「そこにいた」という意味を表す。

③ 動名詞 keeping は文の主語となり、「～することは」という意味。keeping early hours が S（主語）、makes が V（動詞）、us が O（目的語）、healthy

が C（補語）となり、SVOC の第5文型である。makes us healthy は「私たちを健康にする」という意味。

④ 関係代名詞 what は「〜すること、〜するもの」という意味で先行詞を含んでいるため the thing that I want to say と書き換えられる。What I want to say は「私が言いたいこと」という意味。

⑤〈it is not much use ＋動名詞〉の形で「〜することはほとんど無駄だ」という意味の慣用表現。この文では、この is の代わりに seem を用いている。It は形式主語、動名詞句 preparing for tomorrow's test now が真の主語。

Q2 解説

① 第1文は〈命令文＋ and ＋ SV 〜〉の構文になっているので、「子どもたちに機会を与えなさい、そうすれば〜（子どもたちに機会を与えれば〜）」という意味になる。また、a chance を同格の不定詞 to be responsible in small matters が修飾しているので「小さいことに責任をもつ機会」という意味になる。第2文は Who 以下の疑問文が修辞疑問*になっており、「誰が聞いたことがないだろうか（いや、誰でもある）」という意味。

*修辞疑問…疑問文の形をしているが、実際は強い断定を表す用法。肯定の修辞疑問は否定の意味、否定の修辞疑問は肯定の意味になる。

② 第1文の that 節は it が形式主語、to acquire「〜を身につける」以下が真の主語。more 〜 than を使った比較の文である。to acquire the ability to think「考える力を身につけること」が、than の後ろの to remember「覚えること」と比較されている。第2文は、if はないが without を使った仮定法であり、without knowledge で「知識がなければ」と仮定の意味を表す。it 以下の節で仮定法過去の助動詞 would が使われていることに注意。また第2文の it も形式主語で、真の主語は to think 以下である。第3文は動名詞句 learning 〜 knowledge が主語。to get knowledge は不定詞の副詞用法で learning にかかっている。

Mission 1

▶英文に出てきた単語や表現を確認しよう！

☐	look after ～		～の世話をする
☐	require	動	必要とする
☐	patience	名	忍耐力
☐	criminal	名	犯人、犯罪者
☐	deny	動	否定する
☐	boring	形	退屈な
☐	situation	名	状況
☐	prepare	動	準備をする、備える
☐	responsible	形	責任がある
☐	matter	名	事、もの
☐	faucet	名	蛇口
☐	acquire	動	得る、身につける
☐	ability	名	能力
☐	knowledge	名	知識
☐	therefore	副	それゆえに、したがって

🎯 Mission 2

▶ 解答にある日本語を見ながらバックトランスレーションをして、
英文の内容をしっかりマスターできたか確認しよう！

① _____ your _____ a _____ to be responsible in

_____ _____ , and they will _____ _____ _____

things by _____ . _____ has not _____ the _____ ,

" _____ _____ do that!" from a _____ _____

wants to _____ the _____ door or _____ _____

the faucet _____ ?

② _____ _____ say that it is _____ _____ to _____

the _____ to _____ than to _____ . But _____

knowledge, it _____ _____ impossible to _____

_____ about anything _____ _____ _____ .

Therefore, _____ _____ to _____ knowledge is the

_____ _____ in acquiring _____ _____ to

think.

リーディングの勉強法や
モチベーションの上げ方を
知りたい人はこちら▶▶▶
https://tb.sanseido-publ.co.jp/gakusan/mainichi-r/

Question

Q1 次の英文を日本語に訳しなさい。

① I happened to have only one pen, so I couldn't lend one to a friend of mine.

② It doesn't matter how long we live but how we live.

③ I have made it a daily pleasure to have a talk with my grandmother.

④ Don't you find it refreshing taking a walk on such a wonderful day?

⑤ Don't you think it awkward talking to someone whose name you've forgotten?

02 次の英文を日本語に訳しなさい。

① The single most useful thing you can do to help you remember what others have taught you or what you have learned from books is to take notes. If you don't get into the habit of taking notes while listening or reading, you will quickly forget the content.

_____

_____

_____

_____

② For people who love books, walking around in bookstores is one of the greatest joys. It is similar to walking in the mountains, enjoying the different kinds of plants. Sometimes you can find rare flowers or useful medicinal herbs.

_____

_____

_____

構造が理解
できていないのに、
適当な日本語を
つくるな！

Q1 解答

① 私はたまたまペンを1本しか持っていなかったので、私の友人にペンを貸すことができなかった。

② どれだけ長く生きるかが重要なのではなく、どのように生きるかが重要だ。

③ 私は祖母と話すことを毎日の楽しみにしてきた。

④ このような素晴らしい日に散歩をすると元気になると思いませんか。

⑤ 名前を思い出せない相手と話すのは気まずいと思いませんか。

Q2 解答

① 人から教わったことや本で学んだことを覚えておく手助けになることで、自分でできる唯一にして最も役に立つことは、メモを取ることである。聞いたり読んだりしながらメモを取る習慣を身につけていなければ、内容をすぐに忘れてしまうものである。

② 本が好きな人々にとって、書店を歩き回ることは最大の喜びのひとつである。それは、さまざまな種類の植物を楽しみながら山の中を歩くことと似ている。時として珍しい花や役に立つ薬草を見つけることができるのだ。

....

Q1 解説

① happen to 〜 は「たまたま〜する」という意味。コンマの後ろの one は、a pen の代わりに用いられている不定代名詞であり、前に出てきた数えられる名詞 pen の繰り返しを避けるために用いられている。

② 〈It doesn't matter 〜〉の形で「〜は重要でない」という意味。It が形式主語、間接疑問 how long we live が真の主語。〈not A but B〉の形で「AでなくB」という意味。

③ SVOC の第5文型の文で、目的語が長いため形式目的語 it を置き、to have a talk with my grandmother が真の目的語となる。

④ 否定疑問文は、否定形で文が始まる形で相手に「〜ではないのですか」とたずねる文。〈S + V + it + C + 動名詞〉の形で it が形式目的語、動名詞句 taking a walk 〜 が真の目的語。

⑤ ④と同様の否定疑問文。it が形式目的語、動名詞句 talking to someone 〜 が真の目的語。someone が先行詞で所有格の関係代名詞 whose が用いられている。

Q2 解説

① 第 1 文の主語は The single most useful thing you can do、述語動詞は is、補語は不定詞句の to take notes。主語は useful という形容詞に the most がついた最上級の形で thing を修飾しているが、さらに single がついて強調している。to help は不定詞の形容詞用法で thing にかかっており、help you の後ろの remember は原形不定詞。remember の目的語は or で結ばれた 2 つの what 節で、いずれも関係代名詞節である。what others have taught you は「他人があなたに教えたこと」、what you have learned from books は「あなたが本から学んだこと」という意味となる。take notes は「メモを取る」の意味。If 節は動詞が現在形であるため直説法とわかる。get into the habit of 〜 ing で「〜する習慣を身につける」の意味となる。If 節内に入っている while 節は主節と主語が同じであるため、主語と be 動詞（you are）が省略されている。主節の will は未来ではなく、現在の傾向・習性を表している。

② 第 1 文の主語は動名詞句 walking 〜 bookstores。one of に続く名詞は複数になることに注意する（ここでは joys）。第 2 文の It は第 1 文の内容を指している。be similar to 〜 は「〜に似ている」という意味。enjoying 以下は分詞構文で、ここでは「〜しながら」といった意味となる。第 3 文の内容は、山の中を歩くと珍しい花や役に立つ薬草を見つけることがあるということだが、それと同じように、書店を歩き回ったときに珍しかったり役に立ったりする本を見つけることがある、というのがこの文章の意図するところである。

Mission 1

▶英文に出てきた単語や表現を確認しよう！

☐	happen to ～	偶然～する
☐	pleasure	名 楽しみ、喜び
☐	refreshing	形 気分がよい、元気づける
☐	take a walk	散歩する
☐	awkward	形 気まずい、きまりの悪い
☐	useful	形 役に立つ、有用な
☐	note	名 メモ
☐	habit	名 習慣
☐	quickly	副 すぐに
☐	content	名 内容
☐	joy	名 喜び
☐	similar	形 よく似た
☐	plant	名 植物
☐	rare	形 まれな、珍しい
☐	medicinal	形 薬の、薬効のある
☐	herb	名 ハーブ

Mission 2

▶ 解答にある日本語を見ながらバックトランスレーションをして、
英文の内容をしっかりマスターできたか確認しよう！

① The _____ most _____ thing _____ _____ do

to _____ you _____ what _____ have _____

you or _____ you have _____ from _____ is to

_____ _____ . If _____ _____ _____ into the

_____ of _____ notes _____ _____ or _____ ,

you will _____ forget the _____ .

② _____ _____ who love _____ , _____ around in

_____ is one of the _____ _____ . It is _____ to

_____ in the _____ , _____ the _____ kinds of

_____ . Sometimes _____ _____ find _____

flowers or _____ medicinal _____ .

リーディングの勉強法や
モチベーションの上げ方を
知りたい人はこちら ▶ ▶ ▶
https://tb.sanseido-publ.co.jp/gakusan/mainichi-r/

DAY 3

学習予定日　／　　学習日　／

Question

Q1 次の英文を日本語に訳しなさい。

① The Prime Minister made it public that he would attend the international conference.

_____

② I'll see to it that everything is ready for your entrance examination.

_____

③ Humans are the only creatures that have the ability to use languages.

_____

④ When it is your turn to talk, stand up silently and then introduce yourself.

_____

⑤ When I was in trouble, my co-worker had the kindness to lend me some money.

_____

Q2 次の英文を日本語に訳しなさい。

① It is often said that the happiest people are those who work with joy, as if their work were a hobby. Such people work in order to enjoy themselves, not to earn money and make a living.

_____

_____

_____

② Some are born to be lucky, and others are not. Yet the former are not necessarily on the road to success, and the latter are not necessarily doomed to failure. Rather, there are more people who achieve success through hard work because they lack talent and financial resources.

_____

_____

_____

_____

構造をつかんだら、
スムーズな日本語を
つくることを
意識しよう！

Q1 解答

① 総理大臣はその国際会議に出席することを公表した。

② 私はあなたの入学試験の準備がすべて整うよう取り計らいます。

③ 人間は言語使用能力をもつ唯一の生き物だ。

④ あなたの話す番がきたら、静かに立って自己紹介をしなさい。

⑤ 私が困っていたとき、私の同僚は親切にも私にお金をいくらか貸してくれた。

Q2 解答

① よく言われることであるが、最も幸福な人間とは、まるで仕事が趣味であるかのように、喜々として働く人たちである。そういった人々は、お金を稼いで生計を立てるためにではなく、楽しむために働くのである。

② 幸運な星のもとに生まれる者もいれば、そうでない者もいる。けれども前者が必ずしも成功の途上にあるとは限らず、また後者が必ず失敗する運命にあるとは限らない。むしろ、才能や財力がないからこそ努力をして成功を収める人のほうが多い。

....

Q1 解説

① 〈S + V + it + C + that 節〉の形で it が形式目的語、that 節が真の目的語。〈make it public that 節〉で「that 節の内容を公表する」という意味。

② 〈see to it + that 節〉という形で「that 節であるよう取り計らう」という意味。everything が that 節内の主語となっている。

③ to use は the ability を説明する不定詞の形容詞用法であり、the ability to use languages で「言語使用能力」という意味。先行詞が the only creatures であり、only がついているため関係代名詞は that となる。that は主格の関係代名詞。

④ to talk と直前の名詞 your turn は同格の関係である。stand up, introduce yourself は主語をつけず動詞の原形で文をはじめる命令文である。

⑤ to lend は the kindness を説明する不定詞である。have the kindness to ～ は「親切にも～する」という意味。

Q2 解説

① 第1文の It is said that ～は「～と言われている」という意味で、It は形式主語、that 節が真の主語。It is said の中に頻度を表す副詞の often が入っている。that 節内は、最上級を使った the happiest people「最も幸福な人間」が主語、be 動詞 are が述語動詞、those が補語。those who ～で「～する人たち」という意味となる。as if は「まるで～であるかのように」という意味で、主節と同じ時制を表す場合には仮定法過去を使うため、be 動詞が were となっている。第2文の Such people は第1文の those who work with joy を指す。not の次の to は目的を表す不定詞の副詞用法であり、and は earn money と make a living をつないでいる。make a living は「生計を立てる」という意味。

② 第1文は〈Some ～ , others …〉「～な人もいれば、…な人もいる」の意味。第2文の the former「前者」は第1文の前半「幸運な星のもとに生まれる者」を、the latter「後者」は第1文後半「そうでない者」を指す。この文は〈SV not necessarily ～〉という構造で、「S は必ずしも～でない」という意味となる。on the road to ～は「～に行く途中で」の意味。第2文後半の be doomed to ～ は、ふつう受動態で使われ「～を受ける運命にある」という意味。第3文の Rather「むしろ、それどころか」は、その前とは反対の意見を述べて、後者のほうがより妥当なことを示す副詞。who は直前の more people を先行詞とする主格の関係代名詞である。

Mission 1

▶ 英文に出てきた単語や表現を確認しよう！

☐	Prime Minister	名	総理大臣、首相
☐	attend	動	出席する
☐	conference	名	会議
☐	entrance examination	名	入学試験
☐	creature	名	生き物
☐	turn	名	順番
☐	introduce	動	紹介する
☐	co-worker	名	同僚
☐	earn	動	稼ぐ、得る
☐	make a living		生計を立てる
☐	former	名	前者
☐	necessarily	副	必ず
☐	latter	名	後者
☐	be doomed to ～		～を受ける運命にある
☐	failure	名	失敗
☐	rather	副	むしろ
☐	lack	動	欠いている、ない
☐	resource	名	財産、資源

Mission 2

▶解答にある日本語を見ながらバックトランスレーションをして、
英文の内容をしっかりマスターできたか確認しよう！

① It is often _____ that _____ _____ _____ are

those who _____ with _____, _____ _____

their work were a _____. Such people _____ in

_____ to _____ themselves, not _____ _____

money and _____ a living.

② Some _____ _____ to be _____, and others are

_____. Yet the _____ are _____ necessarily on the

_____ _____ _____, and the _____ are not

necessarily doomed _____ _____. Rather, there are

_____ _____ who _____ success _____ hard

work _____ they _____ talent and financial _____.

リーディングの勉強法や
モチベーションの上げ方を
知りたい人はこちら
https://tb.sanseido-publ.co.jp/gakusan/mainichi-r/

Question

Q1 次の英文を日本語に訳しなさい。

① The festival is to be held this weekend, but it's likely to rain according to the weather report.

② All my efforts to realize the goal seem to have been in vain.

③ It wasn't until I lost the wallet you bought me that I realized how stupid I was.

④ We are at a loss to know how to raise that much money.

⑤ I want your tips as to whether to tell the truth about the accident to our teacher.

Q2 次の英文を日本語に訳しなさい。

① There are many travelers who hope to have wonderful encounters and unique experiences while traveling, but if they don't actively try to experience various things, they will never have such experiences. In fact, it is normal to see ordinary scenes and live an ordinary life at a travel destination.

_____

_____

_____

_____

② Some Japanese say there is no need to go to university because you can get access to the majority of knowledge on the Internet. But this is not true when it comes to getting a job. There are still companies which are not interested in what kind of knowledge you have, but rather what university you graduated from.

_____

_____

_____

_____

自分のつくった
日本語訳が、
理解可能かどうか
確認しよう！

解答・解説

Q1 解答

① お祭りが今週末開催されることになっているが、天気予報によると雨になりそうだ。

② その目標を実現するための私のすべての努力は無駄だったようだ。

③ あなたが買ってくれた財布をなくしてはじめて、私がいかに愚かだったかを認識した。

④ 私たちは、そんなに多くの資金をどうやって集めるべきかわからず途方に暮れている。

⑤ 私は、私たちの先生に事故についての真実を伝えるかどうか、あなたの助言が欲しい。

Q2 解答

① 旅行中に素晴らしい出会いがあり、またとない経験をすることを望んでいる旅行者は多いが、積極的にさまざまなことを経験しようとしなければ、そのような経験をすることは決してない。実際には、旅行先でありふれた光景に出会い、普段と変わらない生活を送るのがふつうである。

② 大部分の知識にはインターネット上でアクセスできるのだから、大学に行く必要はないと言う日本人がいる。だが、就職に関して言えばそれは正しくない。どういう知識をもっているかではなく、どの大学を卒業したのかにむしろ関心をもっている会社もまだあるからである。

....

Q1 解説

① 〈be 動詞＋ to 不定詞〉の形で「～することになっている」という予定の意味を表す。〈be likely to ～〉は「～しそうだ」という意味。

② 〈to have ＋過去分詞〉の形で述語動詞 seem よりも前の時を表し、seem to

have been in vain は「無駄だったようだ」という意味。to realize は形容詞用法の不定詞で「実現するための」という意味。

③〈It is not until 〜 that …〉の形で「〜になってはじめて…する」という意味を表し、「〜」の部分が強調されている強調構文である。the wallet の後に目的格の関係代名詞 that（which）が省略されている。間接疑問 how stupid I was が that 節内の目的語となっている。

④ at a loss は「途方に暮れている」という意味。〈疑問詞 how ＋ to 不定詞〉の形で「どのように〜すべきか、〜する方法」という意味。

⑤ as to 〜は「〜に関しては」という意味。〈whether to 〜〉という形の名詞句で「〜するかどうか」という意味。

Q2 解説

① 第 1 文の who は直前の many travelers を先行詞とする主格の関係代名詞。to 以下は hope の目的語となる名詞用法の不定詞である。have wonderful encounters は「素晴らしい出会いをもつ」が直訳。and は wonderful encounters と unique experiences をつないでいる。while traveling は「旅行中に」。while 節では、S が主節と同じであれば主語と be 動詞が省略されることが多い。but に続く if 節は動詞が現在形であるため直説法とわかる。try は後ろに不定詞をとると「〜しようとする」という意味。動名詞がくると「試しに〜する、やってみる」と意味が変わるため注意。it は形式主語で to 以下が真の主語。〈live a 〜 life〉で〈な生活を送る〉の意味となる。

② 第 1 文の there is no need to 〜 は「〜する必要はない」という意味。But の後ろの〈when it comes to 〜〉は「〜となると」という意味で、前置詞 to の後ろには名詞か動名詞がくることに注意。第 3 文の what kind of knowledge you have「あなたがどんな種類の知識をもっているか」は間接疑問文で、前置詞 in の目的語。but の後ろにある what university you graduated from も同じ構造で、not A but B の形で後半が強調されている。graduate は自動詞であるため、from がないと「〜を卒業する（した）」とはならないことに注意。but rather の rather は「むしろ、それどころか」という意味で、その前とは反対の内容を述べて、後者のほうがより妥当なことを示す副詞。

▶英文に出てきた単語や表現を確認しよう！

☐	**be likely to ～**	～しそうである
☐	**according to ～**	～によれば
☐	**weather report**	名 天気予報
☐	**effort**	名 努力
☐	**in vain**	無駄に
☐	**stupid**	形 愚かな
☐	**at a loss**	途方に暮れて
☐	**raise**	動 (資金)を調達する、集める
☐	**tip**	名 助言
☐	**encounter**	名 出会い
☐	**unique**	形 独特の、またとない
☐	**actively**	副 積極的に
☐	**various**	形 さまざまな
☐	**ordinary**	形 ふつうの
☐	**destination**	名 目的地
☐	**when it comes to ～**	～のことになると
☐	**company**	名 会社

🎯 Mission 2

▶解答にある日本語を見ながらバックトランスレーションをして、
英文の内容をしっかりマスターできたか確認しよう！

① There _____ _____ travelers _____ _____ to

_____ _____ encounters _____ unique _____

_____ traveling, _____ if _____ don't _____

_____ to _____ various _____, they _____ _____

have _____ experiences. _____ _____, it is _____ to

_____ ordinary _____ and _____ an ordinary _____

_____ a _____ destination.

② Some _____ _____ there _____ no _____ _____

_____ to university _____ you _____ _____ access

to _____ _____ of knowledge on the _____. But

_____ is not _____ when _____ _____ to _____ a

_____. _____ _____ _____ companies _____ are

not _____ in _____ _____ of knowledge you _____,

but rather _____ _____ _____ graduated _____.

学習予定日　/　　学習日　/

Question

Q1 次の英文を日本語に訳しなさい。

① It's time to go to bed. There is nothing for you to sit up for.

② It was out of the question for me to leave the office before my boss.

③ It was careless of you to forget to lock the door.

④ My parents expected me to waste my time on computer games.

⑤ The teacher sharply told us to put our bags on the floor.

Q2 次の英文を日本語に訳しなさい。

① There is a move around the world to increase the number of electric vehicles in order to solve environmental problems. To accomplish this, however, it is necessary to set up equipment for recharging at gas stations around the world and to develop vehicles that can be recharged in a short time.

_____

_____

_____

_____

② The total extent of knowledge has become unimaginably vast. Human intelligence is expanding in capacity, but the amount of knowledge in all the scientific fields is so large that human intelligence cannot keep up. All the knowledge in the world that we had accumulated just 50 years ago is now just a drop in the ocean.

_____

_____

_____

_____

自分との約束は
守ろう！
挫折したら
絶対力はつかないぞ！

Q1 解答

① 寝る時間だ。あなたが起きている理由はない。

② 私が上司より先にオフィスを出ることは問題外だった。

③ ドアの鍵をかけ忘れるとはあなたは不注意だった。

④ 私の両親は私がコンピューターゲームで時間を無駄にすると思っていた。

⑤ その教師は、かばんを床に置くように私たちに厳しく言った。

Q2 解答

① 環境問題を解決するために、電気自動車の数を増やそうとする動きが世界中にある。しかし、それを成し遂げるためには、世界中のガソリンスタンドに充電するための機器を設置することと、短時間で充電ができる車を開発することが必要である。

② 知識の総範囲は想像もつかないほど広大になった。人間の知能の容量は拡大しつつあるが、すべての科学的分野の知識の総量はあまりにも広大であるため、人間の知能が追いつかないのである。わずか50年前にわれわれが集積していた世界中のすべての知識は、現在では大海の中のひとしずくのようなものに過ぎないのである。

....

Q1 解説

① you は不定詞 to sit up の意味上の主語となる。for は理由を表す前置詞で、sit up for ～ で「～のために寝ないで起きている」という意味。

② 〈It ～ for … to 不定詞〉の形で It は形式主語、to leave the office が真の主語。me は不定詞 to leave the office の意味上の主語となる。

③ 〈It is C（形容詞）of 人 to 不定詞〉の形で It は形式主語、to forget to lock the door が真の主語。you は不定詞 to forget to lock the door の意味上の主語となる。形容詞 careless は人の性質を表しているため of ～ を使っている。

④ 〈expect O to 不定詞〉という形で「O が〜すると思う」という意味。〈waste time on A〉で「A のために時間を無駄にする」という意味。

⑤ 〈tell O to 不定詞〉という形で「O に〜するように言う」という意味を表す。us は to put our bags の意味上の主語である。

Q2 解説

① 第1文の to increase は a move にかかる不定詞の形容詞用法。その後ろの in order to は〈in order to 〜〉で「〜するために」という意味。不定詞の副詞用法が目的を表していることを明らかにする際に使われる表現。solve は「(問題を) 解く、解決する」という意味だが、この意味を表す動詞はいくつかある。problem を目的語にとることが多い動詞は solve であることを覚えておこう。第2文の this は第1文の内容を指す。it は形式主語、to set up 以下が真の主語。and は、to set up 〜 around the world と to develop 〜 a short time を並列している。すなわち、to develop 以下は it is necessary から続いていると考えるとよい。that は、直前の vehicles「車両」を先行詞とする主格の関係代名詞である。

② 第1文は現在完了の完了用法で、「(もうすでに) 〜した」と、物事が完了していることを表す。第2文前半は現在進行形、後半は〈so 〜 that…〉「非常に〜であるため…」の構文である。第3文の All the knowledge は All of the knowledge の of が省略された形。that は All the knowledge を先行詞とする目的格の関係代名詞。a drop in the ocean「大海の中のひとしずく」は、50年前の世界中のすべての知識を集めても、現在の広範な科学分野の知識に比べるとほんのわずかなものにすぎないと述べる比喩である。

Mission 1

▶英文に出てきた単語や表現を確認しよう！

☐	sit up	寝ないで起きている
☐	out of the question	問題外で、許されていない
☐	boss	名 上司
☐	expect	動 予期する、するだろうと思う
☐	waste	動 無駄にする
☐	sharply	副 厳しい口調で
☐	vehicle	名 乗り物
☐	accomplish	動 成し遂げる
☐	recharge	動 充電する
☐	gas station	名 ガソリンスタンド
☐	extent	名 範囲、程度
☐	unimaginably	副 想像を絶するほど
☐	vast	形 広大な
☐	intelligence	名 知能
☐	expand	動 広がる、拡大する
☐	capacity	名 容量
☐	scientific	形 科学の
☐	accumulate	動 集積する、蓄積する

🎯 Mission 2

▶解答にある日本語を見ながらバックトランスレーションをして、
英文の内容をしっかりマスターできたか確認しよう！

① _____ is a _____ _____ the _____ to increase the

_____ of electric vehicles _____ _____ _____ solve

environmental _____. _____ accomplish _____,

_____, it is _____ to _____ _____ equipment

_____ recharging _____ _____ _____ around the

_____ and to _____ vehicles _____ _____ _____

recharged in a _____ _____.

② The _____ extent of _____ _____ _____ unimaginably

_____. _____ intelligence _____ expanding _____

_____, _____ the _____ of knowledge in _____ the

_____ _____ is so _____ that _____ intelligence

_____ _____ up. _____ _____ knowledge in

_____ _____ that we _____ accumulated _____ 50

_____ ago is _____ _____ a _____ in the _____.

リーディングの勉強法や
モチベーションの上げ方を
知りたい人はこちら▶▶▶
https://tb.sanseido-publ.co.jp/gakusan/mainichi-r/

学習予定日　/　学習日　/

Question

Q1 次の英文を日本語に訳しなさい。

① Excuse me, but can I ask you to tell me the way to a nearby station?

_____

② Put in the coins, and the ticket will come out from the slot.

_____

③ I learned the tunes of folk songs by hearing my father sing them.

_____

④ We saw the teacher cry for joy on hearing of our victory.

_____

⑤ I got you to help me in carrying the baggage.

_____

Q2 次の英文を日本語に訳しなさい。

① An increasing number of middle-aged people take up golf for two reasons. One is that it can be played at any age, and the other is that it can be enjoyed in small groups. We often see elderly couples enjoying golf, and this is why many people start playing golf in middle age.

_____

_____

_____

_____

② In the days when human freedom was not as commonplace as it is today, it was considered a virtue to obey one's elders and superiors. Nowadays, people who only follow others aren't regarded as competent. We are expected to question at times the rules that have been in place for many years.

_____

_____

_____

_____

知らない単語は
音読しながら
覚えよう！

解答・解説

Q1 解答

① すみませんが、近くの駅までの道を教えてくれるようお願いできますか。

② コインを入れなさい。そうすれば、切符がスロットから出てきます。

③ 私は、父がフォークソングを歌うのを聞いて曲を覚えた。

④ 私たちの勝利を聞いて、先生がうれし泣きをするのを私たちは見た。

⑤ 私はあなたにその荷物を運ぶのを手伝ってもらった。

Q2 解答

① 中年になってからゴルフを始める人が増えているが、これには2つの理由がある。1つには、ゴルフは何歳になってもプレーすることができるということで、もう1つには少人数で楽しむことができるということである。老夫婦がゴルフを楽しんでいるのをよく見るが、そのために中年からゴルフを始めるという人が多いのである。

② 人間の自由が今ほど当たり前ではなかった時代には、年長者や目上の人に従うことが美徳であると思われていた。今では、人に従っているだけの人間は有能であると見なされない。私たちは時として長年続いてきたルールに疑念をもつことが求められているのだ。

....

Q1 解説

① 〈ask ＋ O ＋ to ～〉という形で「Oに～するよう頼む」という意味。〈the way to A〉という形で「Aまでの道」という意味。

② 〈命令文 , and …〉の形で「～しなさい、そうすれば…」という意味を表し、条件に従った場合の結果を表す。

③ 知覚動詞 hear は〈hear ＋ O ＋動詞の原形〉の形で「Oが～するのが聞こえる」という意味。Oの my father が sing の意味上の主語になる。

④ 知覚動詞 see は〈see ＋ O ＋動詞の原形〉の形で「Oが～するのが見える」と

いう意味。〈on ＋動名詞〉で「〜すると同時に」という意味。

⑤ 使役動詞 get は〈get ＋ O ＋ to 〜〉の形で「(説得して) Oに〜してもらう」という意味。使役動詞 get は to 不定詞を用いる。

Q2 解説

① 第1文の主語は An increasing number of middle-aged people である。An increasing number of 〜 は「数が増えつつある〜」という意味。middle-aged は、ハイフンで単語を結んだ複合形容詞で、people を修飾している。第1文で two reasons と挙げて、第2文で〈One is that 〜〉「1つには〜である」、〈the other is that 〜〉「もう1つには〜である」と具体的に説明している。最終文の this は前の節の内容「老夫婦がゴルフを楽しむ」を指す。〈this is why 〜〉は、「これが〜の理由である」という意味で、why 以下は間接疑問で「多くの人が中年でゴルフを始める理由」という意味である。

② 第1文の when は関係副詞で先行詞は直前の the days。この days はふつう複数形で用いられて「時代」の意味となる。その後の as は同等比較で〈A is not as 〜 as B〉「AはBほど〜ではない」という意味。it は形式主語で、不定詞 to obey 以下が真の主語。one's は一般的に人を指す one の所有格。elder と superior は形容詞でもあるが名詞でもある。ここでは名詞で、one's をつけて、それぞれ「年長者」「目上の人」という意味。第2文の Nowadays「今では、この頃は」は、現在形および現在進行形の文で用いられることを覚えておこう。who は直前の people を先行詞とした主格の関係代名詞。最終文の that は、the rules を先行詞とする関係代名詞。in place は「うまくいって、行われて」といった意味のイディオムで、ここでは「(ルール・法律などが) 施行されて」という意味が当てはまる。

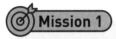

Mission 1

▶英文に出てきた単語や表現を確認しよう！

☐	nearby	形	近くの
☐	tune	名	曲、メロディ
☐	folk song	名	フォークソング、民謡
☐	victory	名	勝利
☐	baggage	名	荷物
☐	increasing	形	増えつつある
☐	middle-aged	形	中高年の
☐	elderly	形	年配の
☐	freedom	名	自由
☐	commonplace	形	平凡な、ありふれた
☐	consider	動	考える、見なす
☐	virtue	名	美徳
☐	obey	動	従う
☐	elder	名	年長者
☐	superior	名	目上の人
☐	competent	形	有能な
☐	at times		時々

🎯 Mission 2

▶ 解答にある日本語を見ながらバックトランスレーションをして、
英文の内容をしっかりマスターできたか確認しよう！

① _____ increasing _____ of middle-aged _____

_____ up _____ for _____ _____. _____ is

_____ it _____ be _____ at _____ _____, and the

_____ _____ _____ it _____ be _____ in

_____ _____. We _____ _____ elderly couples

_____ golf, _____ this _____ _____ many _____

_____ playing golf _____ middle age.

② _____ the _____ _____ _____ freedom _____

_____ as commonplace _____ _____ is _____,

_____ _____ considered _____ virtue _____ obey

one's _____ _____ superiors. Nowadays, _____

_____ only _____ _____ aren't regarded _____

competent. We _____ expected _____ _____ at _____

_____ _____ that have _____ in _____ for

_____.

学習予定日　/　　学習日　/

Question

Q1 次の英文を日本語に訳しなさい。

① I asked my father to let me drive his car to the nearby convenience store.

_____

② We were greatly impressed to hear that she had succeeded in business.

_____

③ How foolish I am to have left the map behind!

_____

④ Who is that man to have behaved and talked in such a rude way?

_____

⑤ The boxer managed to stand up, only to fall down again almost immediately.

_____

Q2 次の英文を日本語に訳しなさい。

① If you want to accomplish something, the first step is to make a plan. If you don't know when you are going to start and when you are going to get it done, you will never get started, and the goal will end up being impossible to accomplish.

_____

_____

_____

_____

② Those who insist that men are sheep have only to point to the fact that men are easily influenced to do what they are told, even if it is harmful to themselves and that they have followed their leaders into wars which have brought them nothing but destruction.

_____

_____

_____

_____

日本語訳を確認したら、
元の英文が
出てくるまで
音読してみよう！

解答・解説

Q1 解答

① 私は、近くのコンビニエンスストアまで父の車を運転させてくれるように父に頼んだ。

② 私たちは彼女がビジネスで成功したことを聞いて非常に感銘を受けた。

③ その地図を置き忘れたとは私はなんて愚かだろう！

④ あんなに失礼にふるまったり話したりするなんて、あの男は誰なんだ。

⑤ そのボクサーはなんとか立ち上がったが、結局すぐにまた倒れただけだった。

Q2 解答

① 何かを成し遂げたいなら、まずは計画を立てることである。いつ始めるのか、いつまでにそれをやり遂げるのかがわからないと、いつまでたっても始めないことになるので、結局はその目的を成し遂げることなど不可能に終わるのである。

② 人間が羊のように従順であると主張する人たちは、人間はたとえ、するようにと命じられたことが自分たちにとって有害であるとしても、簡単にそれをするように感化されてしまうという事実、そして自分たちの指導者に服従して、破壊しかもたらさない戦争に突入してきたという事実を示しさえすればよい。

....

Q1 解説

① 〈ask + O + to ～〉という形で「Oに～するよう頼む」という意味。使役動詞 let は〈let + O + 原形不定詞〉の形で「Oに～することを許す」という意味。

② 分詞形容詞である impressed は「感銘を受けた」という意味。to hear は副詞用法の不定詞で、感情の原因「～して」を表し、〈be +形容詞+ to 不定詞〉の形で「～して…だ」という意味。

③ How foolish I am! という文は形容詞 foolish を強調し〈how +形容詞+主語+動詞！〉の形で「なんて～なのだろう」という感情を表す感嘆文である。完

了不定詞〈to have ＋ 過去分詞〉は述語動詞 am よりも前の時を表し、「置き忘れた」という過去の意味。〈leave ＋ O ＋ behind〉は「O を置き忘れる」という意味。

④ 完了不定詞は、〈to have ＋ 過去分詞〉の形で述語動詞 is よりも前の時を表し、to have behaved and talked は「ふるまって話した」という意味。

⑤ 〈manage to 〜〉という形で「なんとか〜する」という意味。結果不定詞は〈…, only to 〜〉という形で「…したが、結局〜しただけだった」という意味。

Q2 解説

① If で始まる第 1 文は、動詞が現在形であるため仮定法ではなく直説法である。to make a plan「計画を立てること」は不定詞の名詞用法で補語として働いている。第 2 文も If 節で始まっているが、同じく動詞が現在形であるため直説法とわかる。know の目的語は and で結ばれた 2 つの when 節。get it done は「それをしてしまう、仕上げる」という意味。続く主節は and で 2 つの文が結ばれている。get started「始める」は主に口語でよく用いられる表現。end up は後ろに名詞か動名詞をとって「最終的に〜になる」という意味。

② 第 1 文の Those who は「（〜する）人々」で、insist の目的語はそれに続く that 節。men は man の複数形で、総称的に「人間」を意味する。sheep は「羊のように従順な人々」という意味で複数扱い。続く have は述語動詞で、主語は文頭の Those。have only to 〜 で「ただ〜しさえすればよい」という意味となる。point は自動詞で、point to 〜 で「〜を指し示す」。the fact とそれに続く that 節は同格で「〜という事実」という意味になる。what は関係代名詞で what they are told は「彼らが命じられたこと」。they は men を指す。even if は「たとえ〜であっても」。続く it は前の内容 what they are told を指す。and の後ろの that 節も、1 行目の the fact と同格。which は直前の wars を先行詞とする主格の関係代名詞。最後の nothing but 〜 は「ただ〜だけ」という意味となる。

Mission 1

▶英文に出てきた単語や表現を確認しよう！

☐	impressed	形	感銘を受けて、感動して
☐	foolish	形	愚かな
☐	behave	動	ふるまう、行動する
☐	rude	形	失礼な
☐	manage to ～		なんとか～する
☐	stand up		立ち上がる
☐	almost	副	ほとんど、ほぼ
☐	immediately	副	すぐに、ただちに
☐	make a plan		計画を立てる
☐	end up ~ing		結局～して終わる
☐	impossible	形	不可能な
☐	insist	動	主張する
☐	point	動	指摘する
☐	influence	動	影響を及ぼす、感化する
☐	harmful	形	害を及ぼす、有害な
☐	follow	動	従う
☐	destruction	名	破壊

🎯 **Mission 2**

▶解答にある日本語を見ながらバックトランスレーションをして、
英文の内容をしっかりマスターできたか確認しよう！

① If _____ _____ to accomplish _____, the _____

_____ is to _____ a _____. _____ you don't _____

_____ you _____ _____ to _____ and _____

_____ are _____ to _____ it _____, you _____

_____ _____ started, _____ the _____ will _____

_____ being impossible _____ accomplish.

② _____ _____ insist _____ _____ are _____ _____

only _____ _____ _____ the _____ that _____

_____ _____ influenced _____ _____ _____ they

_____ _____, even _____ it is _____ to _____

and _____ _____ _____ followed _____ leaders

_____ _____ which _____ _____ them nothing

_____ destruction.

リーディングの勉強法や
モチベーションの上げ方を
知りたい人はこちら▶▶▶
https://tb.sanseido-publ.co.jp/gakusan/mainichi-r/

Review 1 DAY 1~7で学習した単語や表現を復習しよう。

次の表の空所に日本語の意味や英単語を書き入れよう。忘れているものは即座に覚えよう。

英語	日本語	答え
according to ~		▶DAY 4
acquire		▶DAY 1
	偶然~する	▶DAY 2
	出席する	▶DAY 3
capacity		▶DAY 5
	年配の	▶DAY 6
behave		▶DAY 7
	愚かな	▶DAY 4
awkward		▶DAY 2
patience		▶DAY 1
	主張する	▶DAY 7
consider		▶DAY 6
	~の世話をする	▶DAY 1
destruction		▶DAY 7
failure		▶DAY 3
	乗り物	▶DAY 5
expect		▶DAY 5
virtue		▶DAY 6
	まれな、珍しい	▶DAY 2
	感銘を受けて、感動して	▶DAY 7
destination		▶DAY 4
	稼ぐ、得る	▶DAY 3
competent		▶DAY 6
	責任がある	▶DAY 1
	努力	▶DAY 4

コラム 1～リーディングは語彙力が土台！～

　日本人は英語を読んだり書いたりすることはできるが、聞いたり話したりはできないと昔から言われてきました。確かに、高校入試や大学入試では配点の多くがリーディングに割かれていますので、英語の学習が読むことに集中し、結果的に日本人は読む力ならそれなりにあると思いたいのでしょう。

　しかし、本当に読む力は高いのでしょうか。共通テストのリーディングは語彙レベルが低く、高校１～２年生で学習するようなものが多いです。コンテンツは軽いものばかりで、メールやウェブサイトの文章が素材となっています。しかし、そういった文章でさえも読めない高校生がかなり多く、日本人は読むことならできるとは言い難い状況です。社会人や大学生も、英字新聞や英語雑誌を読める人はかなりの少数派だと思われます。

　原因を考えるに、英語の語彙力が低いことは、読めない人の共通の特徴だと言えるのではないでしょうか。私の著作を使ってくださっている関係で上海の学校に行ったことがあります。そのとき、こんなに難しい語彙を覚えているのかと驚いたことがあります。先生方は、ここまで覚えないと英語を使えるようにはならないのではないでしょうかとのことでした。日本の高校生はここまでは覚えないと伝えると、それで難関大学に入れるのかと不思議がっておられました。

　語彙はもっとも大切な要素です。この本に出てきている語彙のレベルはそれほど高くありませんが、それでも知らない語もあるはずです。和訳して添削することは大切ですが、必ず復習をして、語彙や表現で知らないものがあれば必ず頭に刷り込んでおきましょう。そうでないと、４技能どころか「読む」という１技能でさえも、あまり伸びてこないものです。単語集を使っている高校生は多いと思いますが、それと同時に、読んだり聞いたりしたものを復習して語彙力を高めることを常に意識しましょう。

学習予定日 ／ 学習日 ／

Question

Q1 次の英文を日本語に訳しなさい。

① The girl grew up to be a great jazz singer known to everyone.

_____

② The boy was too honest to say what he didn't mean.

_____

③ The elderly woman was not well enough to walk without any help.

_____

④ The bags were too heavy for me to carry to the room by myself.

_____

⑤ I hear my wife complaining about high prices every day.

_____

Q2 次の英文を日本語に訳しなさい。

① We gradually acquire the techniques of expressing emotions that are widely practiced in the society in which we are born and raised. In childhood, we learn techniques to make others smile or be moved.

_____

_____

_____

② It is impossible to deny that survival in our society depends on knowledge and understanding of one another and respect for others. People who criticize others all the time will isolate themselves and will not survive in the end.

_____

_____

_____

これで半分が
終わった！
あと半分、
しっかり続けよう！

Q1 解答

① その女の子は、成長して誰もが知っている偉大なジャズシンガーになった。

② その少年はあまりに正直だったので、自分が考えてもいないことを言うことができなかった。

③ その年配の女性は助けなしで歩くほど元気ではなかった。

④ そのかばんはあまりに重すぎたので、私は自分で部屋に運ぶことができなかった。

⑤ 妻が物価高について文句を言うのを私は毎日聞いている。

Q2 解答

① 人は生まれ育った社会で広く行われている感情表現の技術を次第に身につけていくものである。他人を笑顔にしたり感動させたりするための技術を、人は子どもの頃に学ぶのである。

② この社会で生き残れるかどうかは、お互いを知り、理解し合い、他者に尊敬の念をいだくかどうかにかかっていることは否定できない。他人を批判ばかりしている人は孤立し、結局は生き残ることができないのである。

....

Q1 解説

① 〈grow up to be ～〉という形で「成長して～になる」という意味。known to everyone は後ろから a great jazz singer を修飾していて、「みんなに知られている偉大なジャズシンガー」となる。

② 〈too + C + to ～〉という形で「あまりに C なので～できない、～するには C すぎる」という意味。関係代名詞 what は「～すること、もの」という意味。mean は「言いたいと思う、意図する」で、what he didn't mean は「彼が言いたいと思っていなかったこと」という意味になる。

③ 〈… enough to ～〉という形で「～するほど（十分）…、（十分）…なので～する」という意味。〈so … that ～〉を使ってほぼ同じ意味を表すことができる。否定文〈not … enough to ～〉は「～できるほど…ない」という意味。

④ 〈too + C + to ～〉という形で「あまりにCなので～できない、～するにはCすぎる」という意味。me は不定詞 to carry to the room の意味上の主語。by oneself は「自分で、独力で」という意味。

⑤ 知覚動詞 hear は〈hear + O +現在分詞〉で「Oが～しているのが聞こえる」という意味で、Oが現在分詞の意味上の主語。my wife がO、complaining が現在分詞で「私の妻が文句を言っている」という意味になる。

Q2 解説

① 第1文の We は自分を含めた一般の人々。that は techniques of expressing emotions を先行詞とする主格の関係代名詞。続く which は前置詞 in の目的語となっている関係代名詞であり、that に置き換えたり、省略したりすることはできない。第2文の In childhood は「子どもの頃に」という意味になる。to make は不定詞の形容詞用法で techniques にかかる。この make は使役動詞で、〈make + O +原形不定詞〉で「Oに～させる」の意味。最後の be moved は move「～を感動させる」の受動態。

② 冒頭の It は形式主語で、to deny 以下が真の主語。他動詞 deny「～を否定する」の目的語は that 節で、節内の主語は survival in our society、述語動詞は自動詞 depends。depend on ～ で「～にかかっている、依存している」という意味となる。and は knowledge と understanding をつないでいる。one another は「互いに」で、原則的には3者以上の場合に使われる。第2文のwho は直前の People を先行詞とする主格の関係代名詞。all the time は「いつでも」の意味。他動詞 isolate は「～を孤立させる」だが、再帰代名詞（ここでは themselves）を目的語にとり、「自分自身を孤立させる」→「孤立する」の意味となる。最後の in the end は「ついに、結局」の意味。

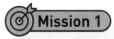

Mission 1

▶英文に出てきた単語や表現を確認しよう！

☐	honest	形	正直な
☐	complain	動	不平を言う
☐	price	名	値段、物価
☐	gradually	副	徐々に、次第に
☐	express	動	表現する
☐	emotion	名	感情
☐	widely	副	広く
☐	practice	動	行う
☐	childhood	名	子ども時代
☐	move	動	感動させる
☐	depend on		～にかかっている
☐	survival	名	生き残ること
☐	understanding	名	理解
☐	respect	名	尊敬
☐	criticize	動	批判する
☐	isolate	動	孤立させる
☐	survive	動	生き残る

🎯 Mission 2

▶ 解答にある日本語を見ながらバックトランスレーションをして、
英文の内容をしっかりマスターできたか確認しよう！

① _____ _____ acquire _____ techniques _____

expressing _____ _____ are _____ practiced

_____ the _____ in _____ _____ are _____

and _____. In childhood, _____ _____ techniques

to _____ _____ _____ or be _____.

② _____ _____ impossible _____ deny _____

survival _____ _____ _____ depends _____

knowledge _____ _____ of _____ _____ and

_____ for _____. _____ _____ criticize

_____ all the time _____ isolate _____ and

_____ not _____ in _____ _____.

リーディングの勉強法や
モチベーションの上げ方を
知りたい人はこちら▶▶▶
https://tb.sanseido-publ.co.jp/gakusan/mainichi-r/

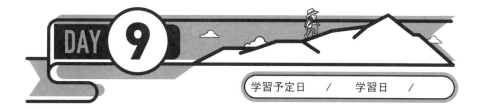
Question

Q1 次の英文を日本語に訳しなさい。

① Someone must have left the water running.

_____

② Sorry to have kept you waiting for so long in such a small room.

_____

③ There are many jobs that must be done to keep our society running well.

_____

④ The athlete had his driver's license taken away because of his careless driving.

_____

⑤ Even though I admit I know what you mean, I still don't think I am wrong.

_____

Q2 次の英文を日本語に訳しなさい。

① The basic goal of American education is to develop every child to the utmost of his or her possibilities, however great or small these may be, and to give each one a sense of citizenship, that is to say, a civic and community consciousness.

_____

_____

_____

② By the end of elementary school, children become somewhat aware of how the skills of persuading others are used in TV commercials. This enables them to understand the purpose of the commercials and thus understand the effect they have on their mind.

_____

_____

_____

_____

音声データも活用して、
何度も音読しよう！

解答・解説

Q1 解答

① 誰かが水を出しっぱなしにしたに違いない。

② あなたをそんな小さな部屋でそんなに長い間待たせてしまい申し訳ありません。

③ 私たちの社会がうまく回り続けるためには、なされなければならない仕事がたくさんある。

④ そのスポーツ選手は不注意な運転のために、運転免許証を取り上げられた。

⑤ あなたが言いたいことは私にもわかると認めるが、それでもやはり私が間違っているとは思わない。

Q2 解答

① アメリカの教育の基本的な目標は、すべての子どもを、可能性の大小にかかわらず、その最大限にまで伸ばし、ひとりひとりに国民としての意識、すなわち市民であり地域社会の一員であるという意識を与えることである。

② 小学校を終えるまでに、子どもたちは人を説得する技術がどのようにテレビ CM のなかで用いられているのかに、ある程度は気づくようになる。これによって子どもたちは CM の目的を理解するので、それらが自分たちの精神に及ぼす影響を理解できるようになる。

....

Q1 解説

① must は「〜に違いない」という確信を表す。〈must have ＋過去分詞〉の形で過去のことについての現在の確信を表し、「〜したに違いない、〜だったに違いない」という意味になる。〈leave ＋ O ＋ 〜 ing〉の形で「O を〜している状態に放っておく」という意味。

② 完了不定詞は〈to have ＋過去分詞〉の形で、述語動詞よりも前の時を表している。〈keep ＋ O ＋ 〜 ing〉という形で「O を〜している状態にしておく」という意味。

③ must を含む受動態は〈must be ＋過去分詞〉という形で「〜されなければならない、〜されるに違いない」という意味になる。〈keep ＋ O ＋ 〜 ing〉という形で「O を〜している状態にしておく」という意味。

④ 〈have ＋ O ＋過去分詞〉の形で「O を〜される」という意味を表す。because of は直後に名詞をとり、「〜のために」という理由を表す。

⑤ Even though 〜は「たとえ〜ではあっても」と譲歩を表す接続詞節。ここでは主節にある still と呼応して「〜ではあっても、やはりなお…」と主節の内容を強調している。関係代名詞 what は「〜するもの、こと」という意味で先行詞を含んでいるため、what you mean は the things that you mean と書き換えることができる。

02 解説

① to develop は不定詞の名詞用法で is の補語となっている。to the utmost of 〜 で「〜の最大限まで」の意味。次の however は「いかに〜であっても」という意味で、譲歩の副詞節をつくっている。however great or small these may be は「それらがどんなに大きくても、小さくても」という意味となる。続く and は 1 行目の to develop 〜と to give 〜とを結んでいる。〈give ＋ O$_1$ ＋ O$_2$〉で「O$_1$ に O$_2$ を与える」。that is to say は「より正確に言うと、すなわち」という意味。a civic and community consciousness は a sense of citizenship を正確に言い換えた語句で「市民であり、地域社会の一員であるという意識」。civic は「市民の、市民としての」。consciousness は「意識」で、前の sense の言い換え。

② 第 1 文の By the end of 〜は「〜の終わりまでに」、somewhat は「ある程度は、いくぶん」。become aware of 〜は「〜に気づくようになる」。how 以下は間接疑問で「他人を説得する技術がどのようにテレビ CM のなかで用いられているか」という意味である。第 2 文の This は第 1 文の内容を指す。〈enable ＋ O（人）＋ to 不定詞〉で「O（人）が〜できるようにする」。thus は「したがって、そのようなわけで」。最後の the effect they have on their mind は、the effect を they have on their mind が後置修飾している。この they は the commercials、their は第 1 文の children を指し、「テレビ CM が子どもたちの精神に及ぼす影響」という意味となる。

▶英文に出てきた単語や表現を確認しよう！

☐	run	動	（液体が）流れる、機能する
☐	take away		取り上げる、取り除く
☐	admit	動	認める
☐	basic	形	根本的な、基本の
☐	develop	動	発達させる、成長させる
☐	utmost	名	最大限
☐	possibility	名	可能性
☐	sense	名	意識、感覚
☐	citizenship	名	国民［市民］であること
☐	civic	形	市民としての、公民の
☐	consciousness	名	意識、自覚
☐	somewhat	副	いくぶん、ある程度
☐	persuade	動	説得する
☐	enable	動	することを可能にする
☐	purpose	名	目的
☐	thus	副	このように、したがって
☐	effect	名	影響、効果

🎯 Mission 2

▶ 解答にある日本語を見ながらバックトランスレーションをして、
英文の内容をしっかりマスターできたか確認しよう！

① The _____ _____ of _____ education _____

_____ _____ every _____ to _____ utmost _____

_____ _____ _____ possibilities, _____ _____ or

_____ these _____ _____, and to _____ _____

_____ a _____ _____ citizenship, _____ is to

_____, _____ civic _____ community consciousness.

② By _____ _____ of _____ _____, _____ become

_____ _____ of _____ the _____ of persuading

_____ are _____ _____ TV commercials. _____

enables _____ to _____ _____ _____ of the

commercials _____ thus _____ the _____ they

_____ on _____ _____.

リーディングの勉強法や
モチベーションの上げ方を
知りたい人はこちら▶▶▶

https://tb.sanseido-publ.co.jp/gakusan/mainichi-r/

学習予定日　／　　学習日　／

Question

Q1 次の英文を日本語に訳しなさい。

① I will write a letter to a friend, thanking him for his kind behavior.

② The trouble is, when left alone, the baby begins to cry.

③ Hearing my name called from behind, I was too surprised to answer.

④ Afraid of being scolded, the girl left home without her parents noticing.

⑤ The room smelled very bad because the windows had been closed for a week.

Q2 次の英文を日本語に訳しなさい。

① There are people who say we don't have to learn a foreign language because there are translation sites on the Internet. However, learning foreign languages can help you become more educated, which will help others regard you as a trustworthy person.

_____

_____

_____

_____

② In Japan, the number of children who play baseball is decreasing, as it has become rare to have more than 18 children who play baseball in the similar age group in a town, and a large field is needed to play baseball. Therefore, no matter how much a child loves baseball, it is not easy for him or her to play the sport.

_____

_____

_____

_____

音読の回数だけ
君の英語力は
伸びるぞ！

解答・解説

Q1 解答

① 私は友人の思いやりのあるふるまいに感謝しているので、彼に手紙を書くつもりだ。

② 問題は、一人とり残されると、その赤ちゃんが泣き始めることだ。

③ 後ろから私の名前が呼ばれるのを聞いたとき、私はあまりに驚いて返事をすることができなかった。

④ 叱られるのを恐れていたので、その少女は両親が気づかないうちに家を出た。

⑤ 一週間窓が閉められていたので、その部屋はとても臭かった。

Q2 解答

① インターネットの翻訳サイトがあるのだから外国語を学ぶ必要はないと言う人々がいる。しかし、外国語を学ぶとより深い教養を身につけるのに役立つことがあるし、そのことは他の人々から信頼できる人物だとみなされる一助となるだろう。

② 日本では、1つの町に年が近くてかつ野球をする子どもが18人以上いるというのが珍しくなっているし、野球をするためには広いグラウンドが必要なので、野球をする子どもたちの数が減っている。だから、子どもがいくら野球好きであったとしても、簡単には野球ができないのである。

....

Q1 解説

① thanking him for his kind behavior は理由を表す分詞構文。接続詞 because, since, as を用いて書き換えることができる。

② when left alone は時を表す分詞構文で、when の後に分詞 being が省略されている。分詞の意味をはっきりさせるため接続詞 when が置かれている。〈the trouble is ＋ that 節〉という形で「問題なのは that 節だ」という意味となるが、ここでは that が省略されている。

③ Hearing my name called from behind は時を表す分詞構文で「～するとき
に、～しているときに」という意味。〈too + C + to ～〉という形で「あまり
に C なので～できない、～するには C すぎる」という意味。

④ Afraid of being scolded は理由を表す分詞構文で、文頭にあった being が省
略され、形容詞 afraid で始める形となっている。〈without ～ ing〉の形で「～
しないで」という意味。her parents は動名詞 noticing の意味上の主語。

⑤ 過去完了形の〈had +過去分詞〉という形で「（ある時まで）ずっと～だった」
という過去のある時点までの状態の継続を表している。

Q2 解説

① 第 1 文の don't have to ～ は「～する必要はない」という意味。外国語の意味
はインターネットの翻訳サイトで調べればよいので、自分で学ぶ必要はないと
述べている。However で始まる第 2 文は逆接で、第 1 文とは反対に、外国語を
学ぶとこういう面で役に立つと言っている。主語は動名詞句の learning foreign
languages「外国語を学ぶこと」であり、help のあとの become は原形不定
詞。educated は形容詞「教養のある」なので、become more educated で
「さらに教養のある人になる」という意味となる。which は関係代名詞の非制限
用法で、この前の内容の補足説明をしている。which の後の help も原形不定詞
regard を導いている。〈regard ～ as …〉で「～を…とみなす」という意味。

② 第 1 文の who は直前の children を先行詞とする主格の関係代名詞。as は理由
を表す接続詞で、「ので」といった意味となる。and は it has become rare ～
と a large field is needed ～をつないでいる。すなわち、野球をする子どもが
減っている理由の 1 つ目が「1 つの町に年が近くてかつ野球をする子どもが18
人以上いるというのが珍しくなった」ことで、2 つ目が「野球をするためには
広いグラウンドが必要である」ということだと述べている。第 2 文の no
matter how much ～は「たとえ、いかに多く～であっても」という意味。it は
形式主語で to play 以下が真の主語、for him or her は不定詞の意味上の主語を
示す。文末の the sport は、baseball という単語の繰り返しを避けるために用
いられている。

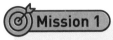

Mission 1

▶英文に出てきた単語や表現を確認しよう！

☐	thank A for B	B について A に感謝する
☐	behavior	名 ふるまい、行動
☐	behind	副 後ろに
☐	be afraid of 〜	〜を恐れている
☐	scold	動 叱る
☐	notice	動 気づく
☐	smell	動 においがする
☐	translation	名 翻訳
☐	site	名 （ウェブ）サイト
☐	educated	形 教養のある、教育を受けた
☐	regard A as B	A を B とみなす
☐	trustworthy	形 信頼できる
☐	decrease	動 減少する
☐	age	名 年齢
☐	field	名 運動場、野原

🎯 **Mission 2**

▶解答にある日本語を見ながらバックトランスレーションをして、
英文の内容をしっかりマスターできたか確認しよう！

① _____ are _____ who _____ we _____ _____

_____ _____ a _____ _____ because _____

_____ translation _____ on the Internet. _____,

learning _____ _____ can _____ you _____ more

_____, which will _____ others _____ you as a

trustworthy _____.

② In _____, the _____ of _____ who _____ _____ is

decreasing, _____ _____ has _____ _____ to

_____ _____ than 18 _____ who play _____ in the

similar _____ _____ in a _____, _____ a _____

_____ is _____ to _____ baseball. Therefore, _____

matter _____ _____ a _____ _____ baseball, it is

_____ _____ for _____ or _____ to _____ the

_____.

リーディングの勉強法や
モチベーションの上げ方を
知りたい人はこちら▶▶▶
https://tb.sanseido-publ.co.jp/gakusan/mainichi-r/

学習予定日　　／　　学習日　　／

Question

Q1 次の英文を日本語に訳しなさい。

① We cannot clean the room with you standing there like that.

_____

② The doctor sat deeply in his chair with his eyes closed.

_____

③ The lawyer stood quietly, with his back against the wall, listening to me.

_____

④ I'm surprised at many teenagers being eager to become officials.

_____

⑤ This T-shirt, for which I paid 60 dollars, was a bad bargain.

_____

Q2 次の英文を日本語に訳しなさい。

① What surprised me when I visited a Chinese high school was that the students memorized many difficult words and phrases during English class. The time spent by the students trying hard to memorize the words was longer than that spent by the teachers explaining the language, and the difference from Japanese classrooms was impressive.

_____

_____

_____

_____

② Even if by some miracle you were able to meet your great-grandparents, you would have a very hard time explaining your lifestyle to them. They would be amazed to know that cars, rice cookers, and washing machines work and talk at the push of a button.

_____

_____

_____

_____

バックトランスレーション
は必ず行おう！

Q1 解答

① あなたがそのようにそこに立っていては、私たちは部屋をきれいにすることができない。

② その医者は目を閉じたまま椅子に深く座った。

③ 私の話を聞きながら、その弁護士は壁に背中をよりかからせて静かに立っていた。

④ 多くの10代の若者が公務員になりたがっていることに、私は驚いている。

⑤ このTシャツは、私が60ドル支払ったものだが、高い買い物だった。

Q2 解答

① 中国の高校を訪問して驚いたのは、生徒たちが英語の授業中に難しい単語や熟語をたくさん覚えていたことである。教員が英語を解説している時間よりも、生徒たちが一生懸命に単語を暗記しようとしている時間のほうが長く、日本の教室との違いが印象的であった。

② 何らかの奇跡によって自分の曾祖父母に会うことができたとしても、自分の生活様式を説明するのに非常に苦労するであろう。自動車や炊飯器や洗濯機がボタンを押すだけで作動したりしゃべったりするのを知って、驚くだろう。

....

Q1 解説

① 〈with ＋ O ＋ 〜ing〉の形で主節に対して補足的に説明を加え「Oが〜している状態で、〜したまま」という付帯状況を表す分詞構文となっている。with のあとの名詞 you は分詞 standing の意味上の主語。

② 〈with ＋ O ＋過去分詞〉の形で主節に対して補足的に説明を加え「Oが〜された状態で」という付帯状況を表す分詞構文となっている。with のあとの名詞 his eyes は分詞 closed の意味上の主語。

③ 〈with ＋ O ＋前置詞句〉の形で付帯状況を表す副詞句が文中に挿入されている。with のあとの his back は前置詞句 against the wall の意味上の主語。

〈stand ~ ing〉は「~しながら立つ」という意味。

④ 〈be eager to ~〉という形で「~したがっている、~することを切望している」という意味。many teenagers が動名詞 being の意味上の主語。

⑤ 先行詞 This T-shirt が前置詞 for の目的語であるため、目的格の関係代名詞 which を使用。前置詞を関係代名詞の前に置く文語的な表現のため、目的格の関係代名詞 that は使用できず、which を省略することもできない。for which I paid 60 dollars は追加の説明を加えているため、for which の直前にコンマを用いる形での関係代名詞継続用法である。

Q2 解説

① 第1文の主語は What surprised me で、文頭の What は先行詞を含む関係代名詞。「私を（~のとき）驚かせたことは」という意味となる。when 以下は時を表す副詞節、that は名詞節を導く従属接続詞で、この that 節は第1文の補語である。節内の主語は the students、述語動詞は memorized、その目的語は many difficult words and phrases。during は前置詞であるため後ろに名詞がくることに注意。第2文の主語は The time で、過去分詞 spent 以下が後ろから The time を修飾している。trying は現在分詞で、後ろに不定詞がきているため「~しようとしている」という意味。than の後ろの that は指示代名詞で、The time を指す。The time spent by the students trying ~と、that spent by the teachers explaining ~ が比較対象となっている。最後の the difference from ~は「~との違い」という意味。

② 第1文の Even if は「たとえ~であっても」という意味で、were を使った仮定法過去となっている。これに対し even though は現実のことや事実を前提とした内容がくることを覚えておこう。great-grandparents はハイフンで great を grandparents「祖父母」につなげた複合名詞で「曾祖父母」の意味である。帰結節は if 節と同じ時制の仮定法過去。have は述語動詞、〈have a hard time ~ ing〉で「~するのに苦労する」の意味となる。them は if 節の your great-grandparents を指す。第2文主語の They も同じ。would が使われているのは仮定法であるためで、if 節はないが「~を知れば驚くであろう」という仮定の意味が含まれている。that 節内の述語動詞は work と talk。この work は自動詞で「(機械などが) 動く、作動する」という意味である。

▶英文に出てきた単語や表現を確認しよう！

☐	lawyer	名 弁護士
☐	quietly	副 静かに
☐	teenager	名 10代の若者
☐	be eager to ～	しきりに～したがっている
☐	official	名 公務員
☐	bad bargain	割高な買い物、損な取引
☐	memorize	動 覚える、暗記する
☐	phrase	名 フレーズ、成句
☐	explain	動 説明する
☐	difference	名 違い
☐	impressive	形 印象的な
☐	miracle	名 奇跡
☐	great-grandparents	名 曾祖父母
☐	lifestyle	名 生活様式
☐	amaze	動 びっくりさせる

Mission 2

▶解答にある日本語を見ながらバックトランスレーションをして、
英文の内容をしっかりマスターできたか確認しよう！

① _____ surprised _____ _____ _____ visited _____

Chinese _____ _____ _____ that _____ _____

memorized _____ _____ _____ and phrases _____

_____ _____. The _____ _____ by the _____

_____ _____ to memorize the _____ _____ _____

than _____ _____ by the _____ explaining _____

_____, and the _____ from _____ _____ was

impressive.

② _____ _____ by _____ miracle _____ _____ able

_____ _____ _____ great-grandparents, _____ would

_____ a _____ _____ time explaining _____ _____

to _____. _____ would _____ amazed _____ _____

that _____, _____ cookers, _____ _____ machines

work and _____ _____ the _____ _____ a button.

学習予定日　　/　　学習日　　/

Question

Q1 次の英文を日本語に訳しなさい。

① My son always asks me to give him money with which he buys trivial things.

_____

② I'm looking forward to the day on which we will see each other again.

_____

③ My father is gaining weight, which is bothering him very much.

_____

④ I got a terrible score on an English test, which is why I don't want to go home.

_____

⑤ I dropped by the bookstore on my way home, where I happened to see the principal.

_____

02 次の英文を日本語に訳しなさい。

① It is impossible to deny the fact that science has made great progress, but we have not yet reached the stage where we can perfectly predict natural disasters and thereby minimize the damage caused.

_____

_____

_____

② We enjoy law and order in developed countries, but we are rarely aware of its existence. It is as basic to our lives as the oxygen we breathe. It is not until law and order is taken away that we realize how dependent we are on it.

_____

_____

_____

_____

バックトランスレーション
を行うことで、
君の英語力は
大きく伸びる！

解答・解説

Q1 解答

① 私の息子は、つまらないものを買うお金をくれるよういつも私に頼んでくる。

② 私たちが再びお会いできる日を楽しみにしています。

③ 私の父は太ってきているのだが、そのことで非常に悩んでいる。

④ 私は英語のテストでひどい点を取った。そういうわけで私は家に帰りたくない。

⑤ 私は家に帰る途中、本屋に立ち寄った。そこで私は偶然校長先生に会った。

Q2 解答

① 科学が大いに進歩していることは否定できない事実ではあるが、自然災害を完璧に予知し、それによってこうむる被害を最小限に食い止める段階にはまだ到達していない。

② 私たちは先進国において法と秩序を享受しているが、その存在を意識することはほとんどない。それは呼吸している酸素と同じくらいに、私たちの生活にとって基本的なものなのである。法と秩序が取り去られたときに初めて、私たちはいかにそれに依存しているかを知るのである。

....

Q1 解説

① 先行詞 money が with の目的語であるため、目的格の関係代名詞 which を使用。前置詞を関係代名詞の前に置く文語的な表現のため、目的格の関係代名詞 that は使用できず、which を省略することもできない。〈ask + O + to ～〉の形で「Oに～するように頼む」という意味。

② 先行詞 the day が on の目的語であるため、目的格の関係代名詞 which を使用。前置詞を関係代名詞の前に置く文語的な表現のため、目的格の関係代名詞 that は使用できず、which を省略することもできない。〈look forward to A〉の形で「Aを楽しみにして待つ」という意味。

③ which is bothering him very much は先行する節の内容に追加の説明を加え

ているため、which の直前にコンマを用いる形での関係代名詞の継続用法であり、My father is gaining weight 全体が先行詞である。

④ which is why I don't want to go home は追加の説明を加えているため、which の直前にコンマを用いる形での関係代名詞の継続用法である。先行詞は前の節全体。関係副詞 why はその結果として起こることを表す節を導き、ここでは先行詞 the reason が省略されている。

⑤ where I happened to see the principal は the bookstore に追加の説明を加えているため where の直前にコンマを用いる形での関係副詞の継続用法である。先行詞は場所を表す名詞の the bookstore である。〈happen to ～〉という形で「たまたま（偶然）～する」という意味。

Q2 解説

① 第 1 文の It は形式主語で不定詞の to deny 以下が真の主語。that は the fact の同格となる that 節を導いている。that 節の主語は science、述語動詞は現在完了の完了用法である has made、その目的語が great progress。but 以下の have not yet reached も現在完了の否定で「まだ到達していない」という意味である。〈have not ＋過去分詞＋ yet〉が一般的な語順だが、このように yet が動詞の過去分詞の前に出ることもある。where は the stage を先行詞とする関係副詞。and の後ろの minimize は他動詞で「～を最小限にする」。caused は the damage を修飾する過去分詞で「（自然災害によって）引き起こされる」という意味。

② 第 1 文後半の rarely は頻度を表す副詞で「めったに～ない」という意味。law and order は通例セットで単数扱いになり、この its は law and order を指す。第 2 文の It も同じ語句を指す。この文は〈as ～ as〉の同等比較で、as the oxygen を後ろから we breathe が修飾し「我々が呼吸している酸素と同じくらいに」の意味となる。第 3 文は〈It is not until ～ that …〉の構文であり、「～になって初めて…する」という意味。we realize の目的語は how 以下である。この how は「どれほど」と程度を問う疑問副詞で形容詞 dependent にかかっている。be dependent on ～ は「～に依存している」という意味であり、もとは we are dependent on it の語順だったものが、how に導かれて dependent が前に出たため、on の直前に SV が来ている。

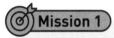

Mission 1

▶英文に出てきた単語や表現を確認しよう！

☐	trivial	形	ささいな、つまらない
☐	look forward to ～		～を楽しみにして待つ
☐	bother	動	悩ます
☐	terrible	形	ひどい
☐	principal	名	校長
☐	progress	名	進歩
☐	predict	動	予測する
☐	disaster	名	災害
☐	thereby	副	それによって
☐	minimize	動	最小限にする
☐	enjoy	動	（利益などを）享受する
☐	law	名	法
☐	order	名	秩序
☐	rarely	副	めったに～ない
☐	be aware of ～		～に気がついている
☐	oxygen	名	酸素
☐	breathe	動	呼吸する
☐	dependent	形	依存している

🎯 Mission 2

▶解答にある日本語を見ながらバックトランスレーションをして、
英文の内容をしっかりマスターできたか確認しよう！

① _____ is _____ to deny _____ _____ that

_____ has _____ _____ progress, _____ we

_____ not _____ reached _____ _____ where

_____ _____ _____ predict _____ disasters

_____ thereby minimize _____ _____ _____.

② We _____ _____ and _____ in developed _____,

but _____ are _____ _____ of _____ existence.

_____ is _____ _____ to our _____ _____

the oxygen _____ _____. It is _____ _____ law

_____ order _____ taken _____ that we _____

_____ dependent _____ _____ on it.

**リーディングの勉強法や
モチベーションの上げ方を
知りたい人はこちら▶▶▶**
https://tb.sanseido-publ.co.jp/gakusan/mainichi-r/

DAY 13

学習予定日　/　　学習日　/

Question

Q1 次の英文を日本語に訳しなさい。

① He cannot cure himself of his habit of spending all the money he has.

② The many people who listened to the President's speech were amazed at his wisdom.

③ Japanese people are said to be shy, which is not always the case.

④ I don't quite agree with you; there are a few points I cannot fully understand.

⑤ If the police had arrived a little earlier, they could have arrested the criminal.

Q2 次の英文を日本語に訳しなさい。

① When people try to learn a foreign language, most of them seem to be interested in speaking that language. However, in the business world, the ability to read and write a foreign language is essential for understanding many important documents and publications or for writing e-mails to customers.

_____

_____

_____

② It is said that, at first, the handshake was not a sign of friendship but of distrust. The use of the right hand in the habit of handshaking did not begin by accident, but was a precaution to keep immobile the hand that could potentially hold a weapon.

_____

_____

_____

音読→日本語を
英語に直す
→できなかったら、
また音読！

解答・解説

Q1 解答

① 彼は持っているお金をすべて散財する習慣を治すことができない。

② 大統領のスピーチを聞いた多数の人々は彼の賢明さに驚いた。

③ 日本人は恥ずかしがりやだと言われているが、それは必ずしも事実ではない。

④ 私はあなたにすっかり同意しているわけではありません。私が完全に理解できるわけではない点がいくつかあるからです。

⑤ もし警察官がもう少し早く到着していたら、彼らは犯人を逮捕できただろうに。

Q2 解答

① 人々が外国語を学ぼうとするとき、ほとんどの人がその言語を話すことに関心をもっているように思える。しかしビジネス界では、多くの重要な資料や出版物を理解したり、顧客にメールを書いたりするためには、外国語を読み書きする能力が必須なのである。

② 握手は、最初は友情の証ではなく、不信を示すものであったと言われている。握手の習慣において右手を用いるのも、偶然から始まったのではなく、武器を持っているかもしれない手を動かせなくするための用心であった。

⋯⋯⋯⋯⋯⋯⋯⋯⋯⋯⋯⋯⋯⋯⋯⋯⋯⋯⋯⋯⋯⋯⋯⋯⋯⋯⋯⋯⋯⋯⋯⋯⋯⋯

Q1 解説

① all the money を he has が修飾しており、he の前に目的格の関係代名詞 that が省略されていると考えることができる。〈cure A of B〉の形で「A から B を取り除いて治す」という意味。

② 先行詞である The many people を関係代名詞 who が導く節が修飾している。単なる「多くの人々」ではなく、大統領のスピーチを聞いた「特定の」人々であるため、The がついている。

③ which is not always the case は追加の説明を加えているため、which の直前にコンマを用いる形での関係代名詞の継続用法を使っている。主節の内容が先

行詞。not の後に副詞 always が続く形で「いつも（必ず）〜というわけではない」という意味の部分否定となる。この the case は「事実、実態」といった意味。

④ not の後に quite が続く形で「まったく〜というわけではない」、fully が続く形で「完全に〜というわけではない」という意味の部分否定。

⑤ if 節は過去完了形〈had ＋過去分詞〉、主節は〈could have ＋過去分詞〉の形で仮定法過去完了となり、過去の事実に反して「もし（あの時）〜だったら…できただろうに」という意味。they は the police を受けている。

Q2 解説

① 第 1 文の try は後ろに不定詞があるため「〜しようとする」という意味。most は、次に代名詞が来ると of をつけて most of them という形になる。that は指示形容詞で language にかかり「その言語」という意味となる。第 2 文の主語は the ability、述語動詞は is、essential が補語。第 2 文の to read and write は不定詞の形容詞用法で前の the ability にかかる。後ろの for understanding、for writing は目的を表しており「〜を理解したり…を書いたりするために」という意味。and は documents と publications を、or は for understanding many important documents and publications と for writing e-mails to customers をつないでいる。

② 第 1 文は〈It is said that 〜〉の構文であり、最初の It は形式主語、that 以下が真の主語で「〜と言われている」という意味。続く not a sign of 以下は〈not A but B〉「Aではなく Bである」の意味。第 2 文も〈not A but B〉の構文で、but のあとの was の主語は The use of the right hand である。by accident は「偶然に」という意味。to keep 以下は a precaution を修飾する不定詞の形容詞用法。that は直前の the hand を先行詞とする主格の関係代名詞である。immobile は mobile「動かしやすい、移動しやすい」に否定を意味する接頭辞 im- をつけた形容詞で「動かない、動けない」という意味。本来は〈keep ＋ O ＋ immobile〉で「O を動けなくしておく」の意味となるが、the hand に修飾語句がついて O が長くなっているので、immobile が keep の直後にきている。

Mission 1

▶英文に出てきた単語や表現を確認しよう！

☐	cure	動	治す
☐	President	名	大統領
☐	wisdom	名	賢さ、知恵
☐	shy	形	内気な、恥ずかしがりの
☐	case	名	事実、状況
☐	arrest	動	逮捕する
☐	essential	形	きわめて重要な、必須の
☐	document	名	文書
☐	publication	名	出版物
☐	customer	名	顧客、取引先
☐	handshake	名	握手
☐	distrust	名	不信
☐	by accident		偶然
☐	precaution	名	用心、警戒
☐	immobile	形	動か(せ)ない、動けない
☐	potentially	副	可能性として
☐	weapon	名	武器

🎯 Mission 2

▶解答にある日本語を見ながらバックトランスレーションをして、
英文の内容をしっかりマスターできたか確認しよう！

① _____ people _____ to _____ a _____ _____,

_____ of _____ _____ to be _____ in _____ that

_____. _____, in the _____ _____, the _____ to

_____ and _____ a _____ _____ is _____ for

_____ many _____ documents _____ publications or

_____ _____ e-mails to _____.

② _____ is _____ _____, at _____, the handshake

_____ _____ a _____ of friendship _____ _____

distrust. _____ _____ of the _____ _____ in the

_____ _____ handshaking _____ not _____

_____ _____, but _____ _____ precaution _____

_____ immobile the _____ that _____ potentially

_____ a _____.

リーディングの勉強法や
モチベーションの上げ方を
知りたい人はこちら
https://tb.sanseido-publ.co.jp/gakusan/mainichi-r/

Question

Q1 次の英文を日本語に訳しなさい。

① In your place, I would accept the wonderful offer from that company.

_____

② I remember that horrible accident as if it had happened yesterday.

_____

③ Do to other people as you would have them do to you.

_____

④ The longer the teacher talked, the less interested in his story the students became.

_____

⑤ At no time in the history of baseball did the spectators get as excited as last night.

_____

Q2 次の英文を日本語に訳しなさい。

① The longer people listen to a story, the more bored they become with it. Therefore, in order to motivate students, a teacher should tell an impressive story in a very short time.

_____

_____

_____

② A person who feels happy when he or she sees other people smiling is probably a person who can work hard for the good of others. People will gather around such a person, and if that person is in trouble, someone who has been helped will in turn help them.

_____

_____

_____

_____

お疲れ様でした！
毎日続けていれば、
君の英語力は
大きく伸びたはず！

解答・解説

Q1 解答

① あなたの立場だったら、私はその会社からの素晴らしいオファーを受け入れるだろう。

② 私はまるで昨日起こったかのようにあのひどい事故を覚えている。

③ あなたが人にしてもらいたいようにあなたも人にしなさい。

④ 先生が長く話せば話すほど、生徒たちは彼の話に興味をもたなくなった。

⑤ 野球史上、昨夜ほど観客が興奮した時はなかった。

Q2 解答

① 人は長く聞けば聞くほど、その話に飽きてくるものである。したがって、生徒たちのモチベーションを上げるためには、教師は極めて短い時間で印象的な話をすべきである。

② 他の人たちが笑顔でいるのを見ると幸せな気持ちになれる人は、おそらく他の人たちのために一生懸命に働ける人である。そういった人の周囲には人が集まるので、もしその人が困ったとしても、助けてもらった誰かが今度はその人を助けるのである。

⋯⋯

Q1 解説

① In your place の前に If I were が省略されていると考えると、if 節は過去形、主節は would を用いた仮定法過去であることがわかる。「もし（今）～ならば…だろうに」という、現在の事実に反する内容を述べた内容。

② as if の節が仮定法過去完了〈had ＋過去分詞〉の形となっており、主節の時制（現在）よりも前の、過去の事実に反する状況を表している。

③ 使役動詞 have は〈have ＋ O ＋原形不定詞〉の形で「O に～してもらう」という意味となる。様態を表す接続詞 as は「～するように」という意味。

④ 〈the ＋比較級 ～、the ＋比較級 …〉の形で「～すればするほど…する」とい

う意味。〈less ＋形容詞〉の場合、less と形容詞をひとかたまりの形容詞比較級と考えて the less interested の語順になる。

⑤ 〈not as … as ～〉「～ほど…でない」の変形。文頭に否定の語句 at no time を置き、その後疑問文の語順にする倒置表現で、否定の意味を強調している。〈at no time〉は「一度も～ない」という意味。

Q2 解説

① 第 1 文は〈the ＋比較級 ～、the ＋比較級 …〉「～すればするほど…する」の構文。it は前半の a story を指す。Therefore は、論理的に導き出される結論を「それゆえに、したがって」と述べるときに使われる副詞。in order to ～「～するために」は、不定詞の副詞用法で目的を表していることを明らかにする際に使われる表現。主節の should は「当然何かをすべき」であると思っているときに使う助動詞。

② 第 1 文の主語は A person、述語動詞は is、補語は a person。最初の who は、直前の A person を先行詞とする主格の関係代名詞。when 節内の sees は、SVOC の文型をとる知覚動詞であり、ここでは O が other people、C が現在分詞 smiling である。「他の人々が笑っているところを（つかの間でも）見る」という意味合いとなっている。第 2 文には will が 2 か所にあるが、いずれも未来ではなく、「～するものだ」という現在の習慣・習性を表す。such a person とは前文の a person who can work hard for the good of others「他の人たちのために一生懸命に働ける人」。if の後ろの that person も同様。主節の who は直前の someone を先行詞とする主格の関係代名詞。who has been helped は完了形の受動態で「助けてもらったことのある（人）」。最後の them も a person who can work hard for the good of others を指しており、ここでは him or her という代わりに them を用いている。in turn は「今度は（逆に）」という意味である。

Mission 1

▶英文に出てきた単語や表現を確認しよう！

☐	place	名	立場
☐	accept	動	受け入れる、応じる
☐	horrible	形	ひどい、恐ろしい
☐	less	副	より少ない程度に
☐	spectator	名	観客
☐	bored	形	退屈した
☐	motivate	動	やる気を起こさせる
☐	probably	副	おそらく
☐	good	名	利益、ため
☐	gather	動	集まる
☐	be in trouble		困っている
☐	in turn		今度は、順番に

🎯 **Mission 2**

▶解答にある日本語を見ながらバックトランスレーションをして、
英文の内容をしっかりマスターできたか確認しよう！

① The _____ _____ _____ to a _____, the _____

bored _____ _____ with _____. Therefore, _____

_____ _____ motivate _____, a _____ _____

_____ an impressive _____ in a _____ _____

_____.

② A _____ who _____ _____ when _____ or

_____ sees _____ _____ smiling _____ _____

a _____ who _____ _____ _____ for the

_____ of _____. _____ will _____ _____

such a _____, and _____ that _____ is _____

_____, someone _____ _____ been _____ will

_____ _____ _____ them.

次の表の空所に日本語の意味や英単語を書き入れよう。忘れているものは即座に覚えよう。

英語	日本語	答え
predict		▶DAY 12
	影響、効果	▶DAY 9
trustworthy		▶DAY 10
	呼吸する	▶DAY 12
	翻訳	▶DAY 10
persuade		▶DAY 9
	意識、自覚	▶DAY 9
isolate		▶DAY 8
thank A for B		▶DAY 10
	観客	▶DAY 14
	しきりに〜したがっている	▶DAY 11
regard A as B		▶DAY 10
	印象的な	▶DAY 11
horrible		▶DAY 14
	感情	▶DAY 8
criticize		▶DAY 8
bother		▶DAY 12
	可能性	▶DAY 9
essential		▶DAY 13
difference		▶DAY 11
honest		▶DAY 8
	逮捕する	▶DAY 13
	やる気を起こさせる	▶DAY 14
by accident		▶DAY 13
	説明する	▶DAY 11

コラム 2〜まずは構造を読み取ろう！〜

　僕が高校に入ったときは、まだ構造分析をしながら読むという文化がなかったんです。読みながらSとかVとかを意識するようになったのは、浪人して予備校の授業を受けるようになってから。それまではぼんやりと文章を眺めている風でしたので、これはものすごく便利なツールだなと感心したものです。

　また、英作文をする際にも構造分析はかなり大切だと教わりました。「明日は雨だ」を英訳する際に Tomorrow is rain. などと書いていた僕ですので、構造を意識しながら英作文をするのだという講師の発言に、まるで神から天啓を得た気持ちになったものです。これで僕は最強の English Learner になったと。実際、そのあとに行われた模試では英作文の点数は跳ね上がり、志望大学にA判定をいただくことになりました。詳細は拙著『英作文、対談ならわかりやすいかなと思いまして。』（三省堂）に書きました。

　ところが、構造分析をしながら読むという行為には弱点もあることがわかりました。「これが主語で、これが目的語で、それに関係代名詞節がこうかかって」と読んでいくと、読むということにおいてもっとも大切な「筆者の言いたいこと」がわからなくなるという弱点です。これは困ったことになりました。なぜなら、筆者の主張がわからなければ問題が解けるわけもなく、したがって「読めているのに解けない」という状態に陥ることになりました。

　英語の教員になり、まずは構造分析ができるようになることが大切で、それができるようになれば、今度は構造など意識せずに速読をすることで筆者の主張が理解できるようになる、ということを知ります。構造の理解があやふやでは読めるわけがありませんが、かといって構造分析だけでは筆者の主張がわからなくなります。物事には順序というものがあるのですね。この「毎日続ける！ リーディング」を「構造分析編」と「速読編」に分けたのはそういう理由です。まずは構造分析をしてください。それができたら今度は筆者の主張を理解するために速読をしてください。

●著者紹介

木村達哉

1964年1月29日生まれ。奈良県出身。関西学院大学文学部英文学科卒業。西大和学園教諭として10年間教鞭をとったあと、灘中学校・高等学校に赴任。教員以外にも、執筆業やチームキムタツを運営するなど多方面で活躍。趣味は料理とダイエット。また、野球が好きで、灘校に赴任して以来、野球部の顧問を務めている。主な著書は『キムタツ・シバハラの 英作文、対談ならわかりやすいかなと思いまして。』（三省堂）、『ユメタン』シリーズ（アルク）など多数。

デ ザ イ ン　　米倉八潮（Vsigns Graphic 合同会社）
イ ラ ス ト　　オオノマサフミ
撮　　　影　　株式会社メディアパートメント（杉野正和）
録　　　音　　株式会社巧芸創作
英 文 校 閲　　Freya Martin
編 集 協 力　　福本健太郎・久松紀子・坂本真実子
Ｄ　Ｔ　Ｐ　　亜細亜印刷株式会社
協　　　力　　チームキムタツ

毎日続ける！　英語リーディング1　構造分析編

2021年3月31日　第1刷発行

著　者	木村達哉
発行者	株式会社三省堂
	代表者 瀧本多加志
印刷者	三省堂印刷株式会社
発行所	株式会社三省堂

〒101-8371 東京都千代田区神田三崎町二丁目22番14号
電話 編集（03）3230-9411
営業（03）3230-9412
https://www.sanseido.co.jp/